el

CAMINO PEQUEÑO

Reflexiones sobre el gozo de ser pequeño en el amor infinito de Dios

la "pequeña flor"

TERESA DE LISIEUX

WHITAKER
HOUSE
Español

Traducción al español por:
Belmonte Traductores
www.belmontetraductores.com

Editado por: Ofelia Pérez

El camino pequeño
Reflexiones sobre el gozo de ser pequeño en el amor infinito de Dios

© 2023 por Thérèse de Lisieux
ISBN: 979-8-88769-021-6
eBook ISBN: 979-8-88769-022-3
Impreso en los Estados Unidos de América

Whitaker House
1030 Hunt Valley Circle
New Kensington, PA 15068
www.whitakerhouseespanol.com

Por favor, envíe sugerencias sobre este libro a: comentarios@whitakerhouse.com.

1 2 3 4 5 6 7 8 9 10 11 **ᙁᙁ** 30 29 28 27 26 25 24 23

"Me ofrecí a nuestro Señor para ser su pequeña flor; anhelaba consolarlo, acercarme lo máximo posible al tabernáculo, que Él me mirara, me cuidara y me arropara".

"En mi 'camino pequeño' todo es de lo más común; todo lo que yo hago deben poder hacerlo también los más pequeños".

—Thérèse de Lisieux

Introducción a la vida e influencia de Thérèse de Lisieux

Sta. Thérèse de Lisieux,[1] conocida como "la pequeña flor", fue una monja de la orden de las Carmelitas Descalzas que vivió a finales del siglo XIX. Aunque murió en un convento recóndito en Francia a la temprana edad de veinticuatro años, multitudes de personas en todo el mundo han leído sus famosos escritos espirituales. Se dice que hasta dos millones de peregrinos visitan al año el pueblo donde vivió.[2]

Nacida como Marie-Françoise-Thérèse Martin el 2 de enero de 1873 en Aleçon, Francia, Thérèse era la menor de cinco hijos sobrevivientes de una familia católica devota muy unida. La amada madre de Thérèse murió cuando ella tenía cuatro años, lo cual la dejó devastada e hizo que su personalidad cambiara de ser alegre y tenaz a ser "tímida, reservada y extremadamente sensible".[3] Poco después, la familia se mudó a Lisieux, Francia, donde Thérèse creció bajo el amor y los cuidados de su padre piadoso, sus hermanas mayores, su tía y su tío. Sin embargo, el dolor por la muerte de su madre perduró por años, y aunque su dedicación a Dios y su amor por Él aumentaron, también batallaba con una conciencia llena de

---

1. El nombre religioso oficial de Thérèse es "Teresa del Niño Jesús y de la Santa Faz".
2. Mary Hanson, "The Little Flower's Lisieux", 1 de octubre de 2020, *National Catholic Register*, https://www.ncregister.com/features/the-little-flower-s-lisieux.
3. *Soeur Thérèse of Lisieux, the Little Flower of Jesus: A New and Complete Translation of L'Histoire D'Une Ame, with an Account of Some Favours Attributed to the Intercession of Soeur Thérèse*, ed. T. N. Taylor (London: Burns, Oates & Washbourne, 1922), capítulo 2, "Un hogar católico".

excesiva culpa, a la cual llamaba "escrúpulos". Experimentó todavía más dolor emocional debido a la separación, cuando sus dos hermanas mayores, Pauline y Marie, que habían sido como madres para ella, se trasladaron al convento de las Carmelitas en Lisieux.

Thérèse consideraba que el 25 de diciembre de 1886, una semana antes de su cumplir los catorce años, había sido el día de su "conversión completa" y su liberación cuando Dios sanó su interior. Después de haber luchado contra sentimientos de pérdida, sentirse insuficiente, y una sensibilidad extrema durante casi una década, "en un instante nuestro Señor, satisfecho con mi buena voluntad, terminó la obra que yo no había podido terminar en todos estos años... El amor y un espíritu de altruismo se apoderaron de mí".[4]

Deseando dedicar su vida por completo a Dios, y con la aprobación de su padre, solicitó entrar en el convento de las Carmelitas con quince años, pero las autoridades religiosas no estuvieron dispuestas a acceder. Durante una peregrinación a Roma, que incluía una audiencia general con el papa, ella le suplicó al pontífice que concediera su petición. Aunque no recibió el permiso del papa, el obispo de la diócesis local accedió poco tiempo después.

Thérèse se consideraba una "pequeña flor" de Jesús: anónima como una flor en el campo de Dios pero deleitándose en Él y en su cuidado. Estaba plenamente comprometida a seguir el estilo de vida de la orden de las Carmelitas, pero al intentar vivir en completa obediencia y rendición a Dios, se dio cuenta de que no era capaz de "subir las empinadas escaleras de la perfección". Buscó una manera más sencilla y bíblica de alcanzar a Dios, y con el tiempo entendió que debía seguir siendo "pequeña" y permitir que Jesús le "levantara" hacia Dios y le diera la capacidad

---

4. *Soeur Thérèse of Lisieux*, capítulo 5, "La vocación de Thérèse".

de amarlo y obedecerlo. El "camino pequeño" que descubrió (el camino de la humildad, la confianza, el sacrificio, y descansar en el profundo amor de Dios) plasmaba la esencia del evangelio con una profunda simplicidad. Esto transformó su relación con su Padre celestial, y el efecto dominó que desencadenó dio lugar a un impacto global que continúa hasta la fecha.

Thérèse experimentó sequía espiritual, tentaciones que atacaron su fe, y también contrajo tuberculosis, debido a lo cual sufrió mucho; sin embargo, se aferró con fuerza a su amor por Dios, que mantuvo toda su vida. El médico que le atendió dijo: "Nunca antes había visto a alguien sufrir tan intensamente y a la vez tener una mirada tan llena de gozo sobrenatural".[5] Antes de su muerte, el 30 de septiembre de 1897, Thérèse escribió tres relatos de varios aspectos de su vida y su espiritualidad que se publicaron juntos póstumamente como su autobiografía bajo el título *Historia de un alma*. El libro, que incluía sus pensamientos más profundos sobre "un camino pequeño" y otros temas espirituales, se hizo popular inmediatamente y con el tiempo se convirtió en un éxito de ventas mundial, con millones de ejemplares publicados. La obra ha sido traducida a más de sesenta idiomas y dialectos.

Thérèse fue canonizada por la iglesia católica romana el 17 de mayo de 1925, y fue declarada doctora de la iglesia el 19 de octubre de 1997. El papa Pío XI se refirió a ella como "la santa más importante de los tiempos modernos", y el papa Juan Pablo II describió sus pensamientos acerca de la fe como "vastos y profundos". Los seguidores de un camino pequeño de Thérèse traspasan las barreras denominacionales, y sus palabras y su modo de vida siguen inspirando a millones de personas.

---

5. *Soeur Thérèse of Lisieux*, "Epílogo: Una víctima del amor divino".

Pequeñas flores
en el campo de DIOS

Nuestro Señor... me mostró el libro de la naturaleza, y entendí que todas las flores creadas por Él son hermosas; que el brillo de las rosas y la blancura del lirio no minimizan el perfume de la violeta o la dulce sencillez de la margarita. Entendí que, si todas las flores modestas desearan ser rosas, la naturaleza perdería la belleza de la primavera y los campos ya no estarían cubiertos de tantos colores preciosos. Y sucede lo mismo con las almas humanas: el jardín vivo de nuestro Señor. A Él le ha placido crear santos muy importantes que podríamos comparar con el lirio y la rosa, pero también ha creado a otros que no son tan importantes y deben estar contentos con ser margaritas o simples violetas floreciendo a sus pies, cuya misión es alegrar sus divinos ojos cuando Él se digne a mirar hacia abajo para verlos. Y, mientras más alegría tengan cuando hagan su voluntad, más grande será su perfección.

También entendí esto: que el amor de Dios se manifiesta de la misma manera en un alma sencilla que no se resiste a su gracia que en otra mejor dotada. De hecho, siendo la autohumillación una característica del amor, si todas las almas se parecieran a los santos doctores que han iluminado la iglesia, parece que Dios, al acercarse a ellos, no se inclinaría mucho. Pero Él ha creado al niño pequeño que no sabe nada y no puede sino llorar así como a la persona inculta que solo tiene las leyes de la naturaleza como guía, y es hacia sus corazones que Él decide inclinarse. Estas son las florecillas del campo cuya sencillez le cautiva; por su bondad hacia ellos, nuestro Salvador muestra su grandeza infinita. Igual que el sol brilla tanto sobre el cedro como sobre la florecilla, así también el Sol divino ilumina todas las almas, grandes y pequeñas, y todas responden ante sus cuidados: de la misma forma que en la naturaleza las estaciones están distribuidas para que, en el día señalado, la margarita más humilde despliegue sus pétalos.

El camino pequeño de
Sta. Thérèse

Siempre ha sido mi deseo convertirme en santa, pero siempre he sentido, al compararme con los santos, que estoy tan lejos de ser como ellos, como lo está el grano de arena que el caminante pisa de la montaña cuya cima se pierde entre las nubes.

En lugar de desalentarme, concluí que Dios no inspiraría en mí deseos que no pudieran hacerse realidad, y que puedo aspirar a la santidad a pesar de mi sencillez. Que yo me haga importante es imposible. Debo lidiar conmigo misma y con mis muchas imperfecciones; sin embargo, buscaré el modo de llegar al cielo a través de un camino sencillo y humilde (muy corto y muy recto), un camino pequeño que sea totalmente nuevo. Vivimos en una era de inventos, y hoy en día los ricos no tienen ni que preocuparse por subir las escaleras; para eso tienen elevadores. Pues bien, yo pretendo encontrar un elevador mediante el cual pueda subir hacia Dios, ya que soy demasiado diminuta como para subir por la escalera de la perfección. He intentado buscar

en las Escrituras algunas sugerencias en cuanto a qué podría ser este elevador que tanto deseo, y leí estas palabras pronunciadas por el mismísimo Dios de la sabiduría eterna: "Dice a cualquier simple: Ven acá".[6] Entonces me acerqué a Dios, segura de haber encontrado lo que buscaba; pero, deseando saber qué haría Él con aquel simple, continué mi búsqueda y esto es lo que encontré: "mamaréis, y en los brazos seréis traídos, y sobre las rodillas seréis mimados. Como aquel a quien consuela su madre, así os consolaré yo a vosotros".[7]

Nunca he sido consolada por palabras más tiernas y dulces. Tus brazos, oh Jesús, son entonces ese elevador que me llevará hasta el cielo. Para llegar allí no necesito crecer, sino todo lo contrario; debo permanecer pequeña y hacerme aún más sencilla y simple.

---

6. Proverbios 9:4.
7. Isaías 66:12-13.

Cuando a Thérèse le preguntaron: "¿Cuál es este camino pequeño que enseñas a las almas?", esta fue su respuesta: "Es el camino de la infancia espiritual; el camino de la confianza y la rendición absoluta".

Quiero enseñarles los medios que para mí siempre han tenido éxito, decirles que solo hay una cosa que debemos hacer debajo del cielo: debemos ofrecerle a Jesús las flores de los pequeños sacrificios y alcanzarlo con una caricia. Así es como yo lo he alcanzado, y por eso seré tan bien recibida.

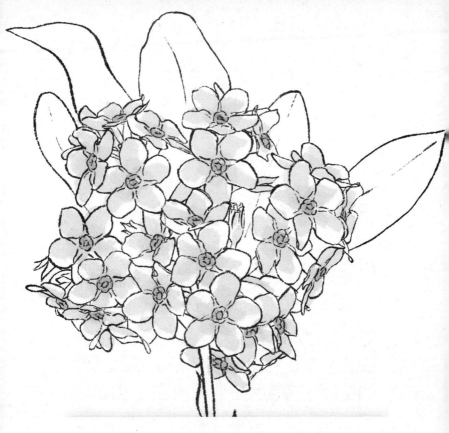

Soy un alma muy pequeña que solo puede ofrecer cosas pequeñas a nuestro Señor. Aún me sucede que dejo pasar la ocasión de ofrecer estos pequeños sacrificios que producen tanta paz. Pero eso no me desanima; lidio con la pérdida de un poco de paz, e intento ser más atenta en el futuro.

"Seguir siendo pequeño" significa reconocer que no somos nada, esperar todo lo que Dios nos da por su gran bondad, evitar que nos molesten demasiado nuestros defectos y, finalmente, no preocuparnos por amasar grandes fortunas espirituales, no siendo solícitos acerca de nada. Incluso entre los pobres, cuando un hijo aún es pequeño recibe lo necesario; sin embargo, una vez que crece, su padre ya no le dará de comer y le dirá que busque trabajo para sostenerse. Pues bien, yo quise evitar crecer para nunca tener que oír eso, ¡ya que me sentía incapaz de ganarme mi sostén, que es la vida eterna!

Oh Sol, mi único amor, estoy contenta
por sentirme tan pequeña y tan frágil bajo tus rayos
de luz; estoy en paz.

Lejos de parecerme a aquellas preciosas almas que han practicado todo tipo de mortificaciones y humillaciones desde la infancia, hice que la mía consistiera simplemente en mantener a raya mis inclinaciones, retener las respuestas impacientes, hacer pequeños actos de servicio para quienes me rodean sin llamar la atención sobre ellos, y otros cientos de cosas de ese tipo.

Nuestro Señor me hizo entender que la única gloria verdadera es aquella que dura para siempre; y que, para obtenerla, no es necesario hacer actos extraordinarios sino esconderse de los ojos de los demás, e incluso de los propios, para que "no sepa tu izquierda lo que hace tu derecha".[8]

---

8. Mateo 6:3.

Me dices que sientes tu debilidad, pero eso es un regalo. Es nuestro Señor el que siembra en tu alma las semillas de la falta de confianza en ti mismo. ¡No tengas miedo! Si no fallas en agradarlo en las cosas pequeñas, Él se verá obligado a ayudarte en las grandes.

Jesús no pide grandes obras, sino tan solo gratitud y rendición…

Esto es lo único que nuestro Señor nos reclama. Él necesita nuestro amor; no nuestras obras.

Deseo darle todo a Jesús porque Él me hace entender que solamente Él es la fuente de la verdadera alegría. ¡Todo! ¡Todo será para Él! E incluso cuando no tenga nada… le entregaré esa nada.

Me dices que desearías ver los frutos de tu esfuerzo. Eso es exactamente lo que Jesús escondería de ti. A Él le gusta contemplar esos pequeños frutos de nuestra virtud en solitario porque le traen consuelo.

Cuando me preparaba para mi primera comunión, mi hermana Pauline me enseñó que debía... hacer surgir en mi corazón dosis frescas de amor y llenarlo de nuevo de flores. Por lo tanto, todos los días hacía algunos pequeños sacrificios y actos de amor que se convertían en flores; violetas o rosas, acianos, margaritas o nomeolvides; en resumen, todas las flores de la naturaleza debían formar en mi interior una cuna para el santo Niño.[9]

9. CLFW, pp. 31-32.

*Muchas veces a nuestro Señor le complace
dar sabiduría a los más sencillos.*

Recuerda que Él no dijo: "Yo soy la flor de los jardines; una rosa bien cuidada", sino: "Yo soy la rosa de Sarón, y el lirio de los valles".[10] Pues bien, siempre debes ser como una gota de rocío escondida en el corazón de este precioso lirio de los valles.

La gota de rocío: ¿hay algo que pueda ser más simple y puro? No es hija de las nubes, sino que nace bajo el cielo estrellado y sobrevive solamente una noche. Cuando el sol asoma sus intensos rayos, las delicadas perlas que adornan cada brizna de pasto se evaporan rápidamente…

Querida gota de rocío que solo Dios conoce, ¡no pienses en el ritmo frenético de este mundo! No envidies ni siquiera el río cristalino que serpentea por las praderas. El murmullo de sus aguas es dulce, sí, pero otras criaturas pueden escucharlo. Además, la flor del campo nunca podría contenerlo entero en su copa. Para poder acercarnos a Jesús tenemos que ser pequeños, y pocas son las almas que aspiran a ser pequeñas y anónimas. "¿Acaso no son

10. Cantares 2:1.

el río y el arroyo más útiles que una sola gota de rocío?", preguntan con entusiasmo. "¿Cuál es su utilidad? Su único propósito es refrescar por un momento alguna pobre y pequeña flor del campo".

¡Ah! No conocen a la verdadera Flor del campo. Si lo conocieran a Él, entenderían mejor la postura que tomó nuestro Señor con respecto a Marta. Nuestro Amado no necesita ni nuestras obras más extraordinarias ni nuestros pensamientos más preciosos. Si estuviera buscando ideas nobles, ¿acaso no tiene a sus ángeles, cuyo conocimiento sobrepasa con creces el del mayor genio de la tierra? Ni el intelecto ni otros talentos son lo que Él ha venido a buscar entre nosotros… Él se ha convertido en la Flor del campo para demostrarnos lo mucho que ama la sencillez.

Cuando un jardinero presta especial atención a una fruta que desea que madure pronto, lo hace, no para dejarla en el árbol, sino para ponerla en una mesa junto a otros manjares. Nuestro Señor derramó su favor sobre su pequeña flor de la misma manera. Él (que mientras estaba en esta tierra clamó lleno de gozo: "Yo te alabo, oh Padre, Señor del cielo y de la tierra, porque escondiste estas cosas de los sabios y entendidos, y las has revelado a los niños"[11]) desea que sus misericordias brillen en mí.

---

11. Lucas 10:21.

Verdaderamente, ¡no hemos llegado a conocer del todo la bondad y el amor misericordioso del corazón divino! Es cierto que, para disfrutar de estos tesoros, debemos humillarnos y confesar que no somos nada… y es en ese punto en el que muchas almas se echan para atrás.

Hagamos de nuestros corazones un jardín de delicias en el que nuestro dulce Salvador pueda descansar. Plantemos solamente lirios, y cantemos junto a San Juan de la Cruz:

Ahí permanecí, en el olvido más profundo,
Mi cabeza reposando sobre Aquel al que amo,
¡Sin prestar atención ni a mí mismo ni a mi alrededor!
Dejo todas mis preocupaciones a un lado, entre los lirios, y las ignoro.

No te olvides de que Jesús lo es todo. Lo único que tienes
que hacer es darte cuenta de que no eres nada y
perderte en la infinidad de Aquel que lo es todo,
para pensar únicamente en Aquel que merece tu amor.

Como una corriente arrastra todo lo que encuentra a su paso hacia las profundidades del mar, así hace mi Jesús con el alma que se sumerge en el profundo océano de su amor, concediéndole todos sus tesoros.

Oh, Jesús, te pido paz…
Paz y sobre todo, amor…
Amor sin límites.

¡Oh, Palabra eterna! ¡Oh, mi Salvador! Tú eres el Águila divina que yo amo y que me atrae. Tú eres el que, habiendo descendido a esta tierra de exilio, decidió sufrir y morir para desnudar los corazones de los hombres y sumergirlos en el mismísimo corazón de la bendita Trinidad: ¡el hogar eterno del amor!

*Para ser verdaderamente víctima del amor,
debemos rendirnos completamente… El amor nos
consumirá en la medida en la que nos rindamos.*

Cuando era niña, el caleidoscopio me provocaba admiración, y me preguntaba qué podría producir aquel fascinante fenómeno. Un día, después de un examen minucioso, me di cuenta de que consistía tan solo en unos trozos de papel y tela sueltos en el interior. Un examen más profundo reveló que había tres espejos dentro del tubo, y con eso se resolvió el problema. Se convirtió para mí en la ilustración de una gran verdad.

Mientras nuestras obras, incluso las más triviales, permanezcan en el interior del caleidoscopio del amor, la bendita Trinidad, ejemplificada en los tres espejos, les dará un brillo y una belleza asombrosos. La mirilla es Jesucristo; y Él, mirando por el caleidoscopio desde afuera a través de sí mismo, ve todas nuestras obras como si fueran perfectas. Pero, si abandonáramos esa permanencia inefable del amor, Él vería solo los trapos y la paja de unas obras impuras y sin valor.

Le pedí a Jesús que me acercara más al fuego de su amor y que me uniera tan de cerca consigo mismo que Él pudiera vivir y actuar en mí. Siento que, mientras más consume el fuego del amor mi corazón, más fuerte diré: "¡Acércame a ti!", y tanto más aquellas almas que se acerquen a mí correrán tras la dulce fragancia del Amado.[12]

12. Ver Cantares 1:3-4.

Tuve que pasar por muchas pruebas antes de alcanzar el
refugio de la paz; antes de probar los deliciosos frutos del
perfecto amor y el abandono completo a la voluntad de Dios.

Me parece que Dios no necesita años para perfeccionar su labor de amor en un alma. Un solo rayo de su corazón puede hacer, en un instante, que su flor florezca para siempre y no se marchite nunca.

El amor puede tomar el lugar de una vida larga. Jesús no tiene
en cuenta el tiempo porque Él es eterno.
Solo tiene en cuenta el amor… No deseo la emoción del amor
que puedo sentir; si Jesús siente la emoción de mi amor;
entonces, eso es suficiente para mí. Amarlo y hacerle sentir
amado es lo más agradable.

Él me ha mostrado su misericordia infinita, y es a través de este espejo inefable que contemplo sus otros atributos. Por eso me parece que todos irradian amor. Su justicia, incluso más que el resto, la veo como revestida de amor. ¡Qué alegría saber que nuestro Señor es justo; es decir, que tiene en cuenta nuestras debilidades y conoce perfectamente la fragilidad de nuestra naturaleza! ¿De qué, entonces, debería tener miedo?

¿Acaso no será también justo conmigo, "que siempre estoy con Él",[13] el Dios de la justicia infinita, que se digna, lleno de amor, a perdonar los pecados del hijo pródigo?

13. Lucas 15:31.

No sé muy bien cuánto más de lo que tengo ahora tendré
en el cielo; veré a Dios, sí, pero en cuanto a estar con Él,
ya lo estoy, incluso aquí en la tierra.

La única manera de avanzar rápidamente en el camino del amor es mantenerse siempre muy pequeño. Eso es lo que yo hice, y ahora puedo cantar junto a nuestro santo padre, San Juan de la Cruz:

Me rebajé tanto, tanto, que subí alto, muy alto, ¡tanto que sobrepasé a la presa que perseguía!

*Entre los discípulos del mundo, Él se encuentra
con indiferencia e ingratitud, ¡y qué lástima!
Entre los suyos, pocos son los corazones que se rinden sin
reservas a la bondad infinita de su amor.*

¿Cómo es posible que un alma tan imperfecta como la mía aspire a tener plenitud de amor? ¿Por qué no reservas esos deseos infinitos para las almas nobles, para las águilas que sobrevuelan las alturas? ¡Ay! No soy más que un pobre y pequeño pájaro sin plumaje. No soy un águila; ¡pero tengo los ojos y el corazón de un águila! Aun así, a pesar de mi gran pequeñez, me atrevo a poner la mirada en el Sol divino de amor, ¡y anhelo subir hasta Él! Volaría imitando a las águilas, pero lo único que puedo hacer es levantar mis pequeñas alas; soy demasiado débil como para remontarme y volar. ¿Qué será de mí? ¿Moriré de tristeza debido a mi impotencia? ¡Claro que no! Ni siquiera haré luto. Con osada rendición, me quedaré ahí hasta la muerte; con mi mirada fijada en ese Sol divino. Nada me atemorizará; ni el viento ni la lluvia. Si unas nubes impenetrables rodearan esa orbe de amor y llegara a creer que más allá de esta vida solo hay oscuridad, en ese momento tendría plenitud de gozo porque podría llevar mi confianza al extremo. No me atrevería a despegar la mirada, sabiendo que mi precioso Sol sigue brillando detrás de esas nubes oscuras.

Dios mío, tú sabes que siempre he deseado amarte solo a ti. Esa ha sido mi única ambición. Tu amor ha ido delante de mí incluso desde los días de mi infancia. Ha crecido cuando yo he crecido, y ahora es un abismo cuyas profundidades no puedo ni imaginar.

El amor atrae al amor; el mío va hacia ti y desearía cruzar el abismo, pero ¡ay! Ni siquiera es como una gota de rocío en el océano. Para amarte como tú me amas debo hacer mío tu amor. Esta es la única manera en que podré encontrar descanso.

En el cielo Dios hará todo lo que yo deseo,
porque en la tierra nunca he hecho mi propia voluntad.

¡Cuán dulce fue el primer abrazo de Jesús! Ciertamente fue un abrazo de amor. Me sentí amada, y dije: "Te amo y me entrego a ti para siempre". Jesús no me pidió nada ni demandó un sacrificio. Durante mucho tiempo, Él y la pequeña Thérèse se conocían y se entendían, pero ese día nuestra reunión fue más allá de solo reconocimiento: fue una unión perfecta. Ya no éramos dos. Thérèse había desaparecido como una gota de agua perdida en la inmensidad del océano; solamente quedaba Jesús, ¡y Él era el dueño y el rey!

Amarte, Jesús, es ahora mi único deseo. Las grandes obras no van conmigo; no puedo predicar el evangelio o derramar mi sangre. ¡Pero no importa! Mis hermanos trabajan en mi lugar y yo, como una niña pequeña, me quedo cerca del trono para amarte en lugar de todos los que están pasando dificultades.

Unos días después de haberme ofrecido como ofrenda al amor misericordioso de Dios, estaba en el coro, comenzando a cantar "El camino de la cruz", cuando repentinamente me sentí herida por un dardo de fuego que ardía tanto, que pensé que moriría. No sé cómo describir la situación; no existe nada con lo que pueda comparar la intensidad de esa llama. Era como si una fuerza invisible me hubiera sumergido por completo en fuego… pero ¡qué fuego! ¡qué dulzura!

El amor lo puede todo. Las tareas más imposibles le parecen fáciles y agradables. Sabes bien que nuestro Señor no mira tanto la grandeza de nuestras obras, ni siquiera su dificultad, sino más bien el amor con el que las hacemos.

Me pides un método para llegar a alcanzar la perfección. Yo conozco solo el amor; ¡el amor y nada más! Nuestros corazones fueron hechos solo para eso. A veces intento buscar otra palabra para referirme al amor, pero en una tierra de exilio, "las palabras que tienen principio y fin"[14] no son capaces de expresar las emociones del alma, así que debemos conformarnos con esa palabra sencilla y única: AMOR.

Pero ¿sobre quién deben nuestros pobres corazones volcar ese amor, y quién es digno de este tesoro? ¿Acaso hay alguien que lo entienda y (sobre todo) pueda pagarlo?... Solamente Jesús entiende el amor; solo Él puede devolverlo. Sí, mucho más de lo que nosotros podamos dar.

---

14. San Agustín.

*Si, suponiendo lo imposible, Dios mismo no pudiera ver
mis buenas acciones, no me preocuparía.
Lo amo tanto que me gustaría producir en Él alegría sin
que supiera quién la produjo.*

¿Qué Thérèse será la más ferviente?... La que sea más humilde, la que esté más de cerca unida a Jesús y sea más fiel en hacer del amor el impulso que hay detrás de cada acción. No debemos dejar escapar ni una sola ocasión de sacrificarnos, porque todo tiene un valor incalculable en la vida religiosa… Recoge un alfiler, siendo el amor la motivación, y puede que incluso conviertas un alma. Únicamente Jesús puede darle tanto valor a nuestras obras, así que amémoslo con cada fibra de nuestro ser.

No tengas miedo a decirle a Jesús que lo amas,
incluso aunque no sientas ese amor. De ese modo,
harás que acuda a ayudarte y te lleve como a un niño
pequeño que está demasiado débil como para caminar.

Nuestro Señor, cuyo corazón está siempre observando, me enseñó que Él concedía milagros a los que tienen una fe tan pequeña como un grano de mostaza con la esperanza de fortalecer esta fe escasa, mientras que para sus amigos íntimos, y para su madre, no hizo milagros hasta haber probado su fe. ¿Acaso no permitió Él que Lázaro muriera aunque María y Marta le habían comunicado que estaba enfermo? Y en la fiesta de las bodas de Caná, cuando nuestra señora le pidió a su Hijo divino que ayudara al dueño de la casa, ¿no respondió Él que su hora no había llegado aún? Sin embargo, después de la prueba, ¡vaya recompensa! El agua fue transformada en vino[15] y Lázaro resucitó de los muertos.[16]

---

15. Ver Juan 2:1-11.
16. Ver Juan 11:1-45.

De tus labios dignos de adoración hemos oído tu queja de amor: "Tengo sed".[17] Como sabemos que esta sed que te consume es una sed de amor, para saciarla desearíamos tener un amor infinito.

---

17. Juan 19:28.

Jesús se contenta con una mirada tierna o un suspiro de amor. Por mi parte, me resulta bastante fácil practicar la perfección ahora que me doy cuenta de que solo significa cautivar el corazón de Jesús. Observa a un niño que acaba de hacer enojar a su madre, ya sea por una actitud inapropiada o por desobediencia. Si se esconde en un rincón, malhumorado, o si llora por temor a ser castigado, su madre seguro que no perdonará la falta. Pero si corre hacia ella con los brazos abiertos, diciendo: "Dame un beso, mamá; ¡no lo haré de nuevo!", ¿qué madre no levantaría al niño en brazos, acercándolo a su corazón y olvidando todo lo que había hecho? Ella sabe muy bien que su pequeño repetirá el error, pero su amado escapará del castigo mientras apele a su corazón…

Aprendamos a retenerlo a Él como prisionero; a este Dios, el divino mendigo de amor… Él nos enseña que las obras más pequeñas hechas en amor a Él son las que cautivan su corazón. Si fuera necesario hacer grandes cosas, seríamos merecedores de lástima, pero estamos infinitamente felices porque Jesús nos permite cautivarlo mediante la obra más pequeña.

Ya que nuestro Señor está ahora en el cielo, yo solo puedo seguirlo mediante las huellas que Él ha dejado: huellas fragantes y llenas de vida. Lo único que tengo que hacer es abrir los sagrados Evangelios y, de inmediato, al respirar el perfume de Jesús, sé hacia dónde tengo que correr; no es hacia el primer lugar, sino hacia el último, y voy con prisa. Dejo atrás al fariseo para —llena de confianza— repetir la humilde oración del publicano. Sobre todo, sigo a Magdalena porque el asombroso (más bien, diría, tierno) atrevimiento que alegra el corazón de Jesús ha conquistado el mío. No es porque haya sido guardada de la mortalidad del pecado que levanto mi corazón a Dios, confiando en Él y amándolo. Siento que, aunque pesaran sobre mi conciencia todos los crímenes que alguien pudiera cometer, no perdería ni un ápice de confianza. Con el corazón roto por la tristeza me lanzaría a los brazos de mi Salvador. Yo sé que Él ama al hijo pródigo; yo escuché las palabras que le dijo a Santa María Magdalena, a la mujer sorprendida en adulterio, y a la mujer samaritana. Nadie podría asustarme, porque sé lo que debo creer con respecto a su misericordia y su amor. Y sé que toda esa multitud de pecados desaparecería en un instante, igual que una gota de agua que es arrojada a un horno de fuego.

Desde que... he podido entender el amor del corazón de Jesús, confieso que todo el temor se ha disipado del mío. El recuerdo de mis fallos me humilla y me ayuda a no depender nunca de mis propias fuerzas (que son pocas), pero más que nada, me recuerda la misericordia y el amor. Cuando un alma que confía como un niño arroja sus fallos al horno devorador del amor, ¿cómo podrán estos evitar ser consumidos?

Al Dios bueno no le he dado otra cosa que amor.

Y es con amor que Él me pagará de vuelta.

La única forma de demostrar mi amor es esparcir flores delante de ti; es decir, no dejaré pasar ningún sacrificio, por pequeño que sea: miradas, palabras... Deseo sacar provecho de las obras más pequeñas y hacerlas por amor. Deseo sufrir por amor, y por amor hasta regocijarme; así que esparciré flores. Todas las flores que encuentre las llevaré ante ti y esparciré sus pétalos... y cantaré... cantaré siempre, aunque mis rosas tengan que ser recogidas de entre los espinos; y, cuanto más largos y afilados sean los espinos, más tierna será mi canción.

Me parece que, si nuestros sacrificios cautivan a Jesús,
nuestro gozo también lo hace. Lo único que hace falta para ello
es que, en lugar de entregarnos a nuestra alegría egoísta,
ofrezcamos a nuestro Esposo las pequeñas alegrías que
Él pone delante de nuestro camino para conquistar nuestros
corazones y acercarlos al suyo.

Meditando acerca del místico cuerpo de la santa iglesia, no me sentía identificada con ninguno de los miembros que describía San Pablo. ¿O era que deseaba identificarme con todos? La caridad me dio la llave de mi vocación. Entendí que, como la iglesia es un cuerpo compuesto por muchos miembros, el órgano más noble e importante de todos no podría faltar… entendí que el amor cubre todas las vocaciones, que lo es todo, y que va más allá del tiempo y hasta los confines de la tierra porque es eterno.

Entonces, fuera de mí por el gozo, clamé: "Oh Jesús, amor mío, al fin he encontrado mi vocación. ¡Mi vocación es el amor! Sí, he encontrado mi lugar en el cuerpo de Cristo; y este lugar, oh mi Dios, tú mismo me lo has dado. En el corazón de la iglesia, mi madre, ¡seré AMOR!... Entonces estaré completa: así, mi sueño será hecho realidad"...

No soy más que una niña débil e indefensa, pero es precisamente mi debilidad lo que me permite arriesgarme a ofrecerme a mí misma, oh Jesús, como víctima de tu amor.

Nunca antes había comprendido estas palabras de nuestro Señor: "Y el segundo es semejante: Amarás a tu prójimo como a ti mismo".[18] Me había propuesto amar a Dios sobre todo, y fue al amarlo como descubrí el significado oculto de estas otras palabras: "No todo el que me dice: Señor, Señor, entrará en el reino de los cielos, sino el que hace la voluntad de mi Padre...".[19]

...Ahora sé que la verdadera caridad consiste en soportar todos los defectos de nuestro prójimo; no sorprendiéndonos de sus debilidades, sino siendo edificados por sus más pequeñas virtudes.

18. Mateo 22:39.
19. Mateo 7:21.

¡Jesús, Jesús! Si el mero deseo de tu amor despierta tanta alegría, ¿cómo será poseerlo y disfrutarlo para siempre?

Puede ser que, algún día, mi estado actual me parezca estar lleno de defectos, pero ahora mismo nada me sorprende, y ni siquiera me angustio, por el hecho de ser tan débil. Todo lo contrario; me glorío en ello y espero encontrar nuevas imperfecciones cada día. Debo confesar que esta iluminación [estas revelaciones] acerca de mi propia insignificancia hace más bien a mi alma que las revelaciones acerca de la fe. Recordando que "el amor cubrirá multitud de pecados"[20] exploto esta próspera mina que el Salvador nos abrió al darnos los Evangelios. Busco en las profundidades de sus adorables palabras, y clamo junto a David: "He corrido en la dirección de tus mandamientos, porque tú has ensanchado mi corazón".[21] Y solo el amor puede ensanchar el corazón. ¡Oh Jesús! Ya que su dulce llama consume mi corazón, correré con alegría por el camino de tu nuevo mandamiento.[22]

20. 1 Pedro 4:8.
21. Salmos 119:32.
22. Ver Juan 13:34.

Sé que cuando muestro amor a otros, es simplemente Jesús
actuando en mí; y cuanto más cercanamente esté unida a Él,
con más sinceridad amo a mis hermanas.

Él desea que yo lo ame porque me ha perdonado; no mucho, sino todo. Sin esperar que yo lo ame mucho, como hizo Santa María Magdalena[23], me ha hecho entender que Él me ha amado intencionalmente con un amor indescriptible, para que ahora mi amor no tenga límites.

---

23. Ver Lucas 7:47.

¿Cómo puede un corazón entregado al afecto humano estar estrecha-
mente unido a Dios? Me parece que es imposible. He visto muchas
almas, seducidas por esta falsa luz como las pobres polillas, volar
directamente hacia ello, quemarse las alas, y después volver heridas a
nuestro Señor, el fuego divino que quema, pero no consume.

Cuán dulce es el camino del amor. Es cierto que uno puede caer y serle infiel a la gracia; pero el amor, sabiendo cómo sacarle provecho a todo, consume rápidamente lo que no sea agradable a Jesús, haciendo del corazón un lugar profundo y humilde.

Debido a que mi corazón ha amado solamente a Dios,
ha crecido, poco a poco, y ahora puede dar a aquellos a los
que Él ama un amor mucho más profundo y verdadero que
si estuviera centrado en un afecto vacío y egoísta.

Verdaderamente, en la oración y en el sacrificio están todas mis fuerzas; son mis armas invencibles. La experiencia me ha enseñado que tocan los corazones mucho más fácilmente que las palabras…

¡Cuán hermoso es el poder de la oración! Es como una reina que, teniendo libre acceso al rey, obtiene cualquier cosa que pide…

…Yo hago como los niños que aún no han aprendido a leer; simplemente le digo a nuestro Señor todo lo que quiero, y Él siempre me entiende.

Para mí, la oración es inspiración para el corazón, una mirada al cielo; un clamor de gratitud y amor hecho desde la tristeza o desde el gozo. En pocas palabras, es algo noble y sobrenatural que ensancha mi alma y la une con Dios.

Tengo muchas distracciones cuando oro,
pero en el momento en que soy consciente de ellas, oro por
esas personas hacia las que se desvió mi atención, y de esa
manera ellas se benefician de mi distracción.

"Dame una palanca y un fulcro en el que apoyarla", dijo Arquímedes, "y levantaré el mundo".

Lo que él no pudo hacer porque su petición tenía fines únicamente materiales y no hacía referencia a Dios, los santos lo han podido llevar a cabo en todo su esplendor. Se apoyan en el mismísimo poder del Dios todopoderoso, y su palanca es la oración que se incendia con el fuego del amor. Con esta palanca han levantado el mundo.

Me he dado cuenta de que a menudo nuestro Señor no me permite acumular provisiones, sino que me alimenta en cada momento con comida que es siempre nueva; la encuentro en mi interior sin saber cómo ha llegado hasta ahí. Creo simplemente que es Jesús mismo, escondido en mi pobre corazón, quien está obrando en secreto, inspirándome con lo que Él quiere que haga según surge cada situación.

Hace algún tiempo observaba el titileo, casi invisible, de una pequeña luz de noche cuando una de las hermanas se acercó. Tras haber encendido su vela con aquella llama casi apagada, la dio para que la pasáramos, encendiendo todas las velas de la comunidad. "¿Quién podría atreverse a gloriarse en sus propias obras?", reflexioné. "Con tan solo una pequeña chispa como esta sería posible prender fuego al mundo entero". Muchas veces pensamos que recibimos gracias y somos iluminados divinamente por medio de velas muy brillantes, pero ¿de dónde sale esa luz? Tal vez de las oraciones de algún alma humilde y escondida cuya luz interior no es evidente a los ojos humanos; un alma de virtud no reconocida y, a sus propios ojos, de poco valor: una llama casi apagada.

¡Cuántos misterios nos serán aún revelados! Muchas veces pienso que tal vez debo todas las virtudes que he recibido a alguna pequeña alma que solo conoceré en el cielo...

¿Y no crees que los grandes santos, a su lado, al ver lo mucho que le deben a estas pequeñas almas, les amarán con un amor incomparable? Las amistades del paraíso serán tan dulces como llenas de sorpresas, estoy segura de eso. El amigo cercano de algún apóstol o gran doctor de la iglesia podría ser un pastorcillo; y un niño pequeño, en su sencillez, podría ser íntimo amigo de un patriarca... ¡Anhelo entrar a ese reino de amor!

Últimamente he estado pensando qué podría hacer para salvar almas, y estas sencillas palabras del evangelio me han iluminado. Señalando a un campo de maíz maduro, una vez Jesús les dijo a sus discípulos: "Alzad vuestros ojos y mirad los campos, porque ya están blancos para la siega";[24] y de nuevo: "A la verdad la mies es mucha, mas los obreros pocos. Rogad, pues, al Señor de la mies, que envíe obreros a su mies".[25]

24. Juan 4:35.
25. Mateo 9:37-38.

¡Eso sí que es un misterio! ¿Acaso Jesús no es todopoderoso? ¿No le pertenecen todas las criaturas que creó? ¿Por qué se digna a decir: "Rogad, pues, al Señor de la mies, que envíe obreros a su mies"? Es porque su amor por nosotros es tan amplio y tierno, que quiere que seamos partícipes de todo lo que Él hace. El Creador del universo espera la oración de una pobre y pequeña alma para salvar a una multitud de otras almas, compradas como ella por el precio de su sangre.

En mis ratos de oración encuentro mi mayor ayuda en los Evangelios; de ellos extraigo todo lo que necesita mi pobre alma. Siempre descubro en ellos nuevas revelaciones y significados misteriosos y ocultos. Sé, porque lo he experimentado, que "el reino de Dios está entre ustedes".[26] Nuestro Señor no necesita libros o maestros para enseñarnos. Él, que es Maestro de maestros, nos instruye con cualquier palabra. Yo nunca le he escuchado hablar, pero sé que está en mi interior. Está ahí, siempre guiándome e inspirándome; y, justo cuando las necesito, las revelaciones, aunque invisibles, irrumpen en mi ser. Esto no es, como norma general, durante mis oraciones, sino en medio de mis tareas cotidianas.

---

26. Lucas 17:21.

Quieres subir la montaña,
pero Dios quiere que la bajes. Él te está esperando en
el fructífero valle de la humildad.

Nuestro Señor también me enseñó que "a cualquiera que te pida, dale; y al que tome lo que es tuyo, no pidas que te lo devuelva".[27] Dar a todo el que pida no es tan agradable como dar según nuestros propios criterios. Si nos piden educadamente es fácil dar, pero si nos piden descortésmente habrá una rebelión en nuestro interior y encontraremos una infinidad de excusas para no hacerlo, a menos que seamos perfectos en caridad… Y, si es difícil dar a todos los que nos piden, más difícil aún es dejar que lo que nos pertenece sea arrebatado y no pedir que nos lo devuelvan… Digo que es difícil, pero más bien debería decir que parece difícil, ya que Dios nos dice: "porque mi yugo es fácil, y ligera mi carga".[28] Cuando nos sometemos a esa carga, nos damos cuenta inmediatamente de cuán ligera es.

27. Lucas 6:30.
28. Mateo 11:30.

Sé que la única manera de ser santo es a través de la humildad,
y también que las pruebas son una mina de oro que debemos
valorar. Yo, que no soy más que un pequeño grano de arena, deseo
ponerme manos a la obra aunque no tengo ni valor ni fuerzas.
Aun así, esta misma falta de poder hará que mi tarea sea más
fácil, porque anhelo hacer las cosas por amor.

Lo único que no es susceptible a la envidia es el lugar más bajo. Solo ahí, por lo tanto, no existe la vanidad ni la aflicción de espíritu. Aun así, "el hombre no es señor de su camino",[29] y a veces nos encontramos a nosotros mismos deseando aquello que deslumbra. En ese momento, tomemos nuestro lugar entre los imperfectos, con toda humildad, y veámonos como las pequeñas almas que somos, necesitadas de la bondad de Dios a cada paso del camino. Desde el momento en que nos vea plenamente convencidos de nuestra insignificancia y nos escuche clamar: "'Mi pie ha resbalado', tu misericordia, oh Señor, me sostendrá",[30] Él nos extenderá la mano. Pero, si intentáramos hacer grandes cosas, incluso bajo el pretexto del entusiasmo, Él nos abandonará. Es suficiente, por lo tanto, con humillarnos y soportar con mansedumbre nuestras imperfecciones. Ahí está, para nosotros, la verdadera santidad.

---

29. Jeremías 10:23.
30. Salmos 94:18 (NBLA).

Desde que abandoné todo pensamiento egoísta,
vivo la vida más feliz posible.

Si el apóstol Pedro hubiera pescado algún pequeño pez, tal vez nuestro Maestro divino no hubiera obrado un milagro; pero, como no había pescado nada, a través del poder y la bondad de Dios sus redes pronto se llenaron de grandes peces.[31] Así es el camino de nuestro Señor. Él es generoso porque es Dios (da conforme a su generosidad divina), pero hace énfasis en la humildad del corazón.

---

31. Ver Lucas 5:1-11.

La verdadera grandeza no está en
un nombre, sino en el alma.

Si yo dijera, por ejemplo: "he adquirido esta virtud o la otra, y puedo ponerla en práctica"; o "Dios mío, tú sabes que te amo demasiado como para entretener cualquier pensamiento contrario a la fe", de inmediato me asaltaría la más peligrosa de las tentaciones y seguramente caería. Para evitar esta mala fortuna, lo único que tengo que decir, con humildad de corazón, es: "Dios mío, te pido que no me permitas ser infiel".

Entiendo perfectamente cómo se sentía San Pedro. Confió demasiado en su propia naturaleza pasional en lugar de depender únicamente de la fuerza divina. Si hubiera pedido: "Señor, dame las fuerzas necesarias para seguirte hasta la muerte", esa gracia no le hubiera sido negada.

Dios mío, lo escojo todo; no quiero ser una santa a medias.
No tengo miedo a sufrir por ti. Lo único que temo es hacer
mi propia voluntad. Acepta la ofrenda de mi voluntad,
porque escojo tu voluntad sobre todo lo demás.

Lo que a Jesús le agrada de mi pequeña alma es ver que amo mi pequeñez y que confío a ciegas en su misericordia. Debido a que era pequeña y débil, Jesús se inclinó y me instruyó tiernamente en los secretos de su amor. Fue Jesús el que hizo toda la obra en mí, y yo no hice más que ser pequeña y débil.[32]

32. CLRW, p. 52.

Solía preguntarme cómo poder entender mejor, en los días venideros, el verdadero significado de la perfección. En ese momento pensé que lo entendía en su totalidad, pero pronto me di cuenta de que, cuanto más avanza uno por este camino, más lejos parece estar de la meta. Ahora me he resignado a ser imperfecta siempre, y eso hasta me produce gozo.

¡Cuán feliz me hace mi Señor, y cuán dulce y fácil es servirlo en esta tierra! Él siempre me ha dado lo que deseaba, o más bien, Él ha hecho que desee lo que Él quiere darme. Poco tiempo antes de la terrible tentación contra mi fe, había reflexionado acerca de la poca cantidad de pruebas externas, dignas de ser mencionadas, que había vivido; y que, si llegara a tener pruebas internas, Dios debería cambiar mi camino, aunque no creía que llegaría a hacerlo. Sin embargo, no siempre podía vivir en paz. ¿Qué medios, si no, usaría Él?

No tuve que esperar mucho tiempo por una respuesta, y esta me enseñó que Aquel a quien amo nunca está perdido porque, sin cambiar mi camino, me envió esta gran prueba; de esta manera una pequeña cantidad de amargura sanadora convivió con lo dulce.

Algunas veces, cuando leo libros en los que se presenta la perfección como una meta con miles de obstáculos de por medio, mi pobre cabecita se cansa muy rápido. Cierro ese tratado que agota mi cerebro y seca mi corazón, y vuelvo a las sagradas Escrituras. Entonces, todo se vuelve claro y nítido: una sola palabra abre una infinidad de posibilidades, la perfección parece fácil, y veo que es suficiente para reconocer que no somos nada y, como niños, rendirnos en los brazos del Dios bueno. Dejo los hermosos libros que no puedo entender y mucho menos poner en práctica a las mentes grandes y nobles, y me regocijo en mi pequeñez porque "solo los niños pequeños y los que son como ellos serán admitidos al banquete celestial".[33]

---

33. Mateo 18:3; 19:14.

Querido Señor, tú conoces mi debilidad. Cada mañana me propongo ser humilde, y en la noche muchas veces reconozco que he sido culpable de orgullo. Ver estos fallos me tienta a desanimarme, pero sé que el desánimo en sí es una forma de orgullo. Deseo, por lo tanto, Dios mío, poner toda mi confianza en ti. Ya que puedes hacer cualquier cosa, dígnate a plantar en mi corazón la virtud que deseo; y, para obtenerla de tu infinita misericordia, a menudo te diré: "Jesús, tú que eres manso y humilde de corazón, haz que mi corazón sea como el tuyo".

Deseo ser santa, pero sabiendo que soy incapaz, te pido,
Dios mío, que seas tú mismo mi santidad.

Ahora soy demasiado pequeña como para ser culpable de vanidad y también para demostrar mi humildad por medio de palabras elocuentes. Prefiero admitir, con toda sencillez, que "el poderoso me ha hecho grandes cosas",[34] y la mayor de ellas es que me ha mostrado mi pequeñez y cuán incapaz soy de hacer cualquier cosa buena.

---

34. Ver Lucas 1:49.

A Jesús le complace bendecir a ciertas personas con sus dones para atraer a otros a sí mismo. En su misericordia, Él los humilla en su interior y los empuja delicadamente a reconocer que son insignificantes y que Él es todopoderoso. Ahora bien, este sentimiento de humildad es como un grano de gracia que Dios se apresura en desarrollar para ese bendito día en el que, vestidos con una belleza imperecedera, serán puestos en la mesa del banquete del paraíso, lejos de todo peligro.

Debes poner en práctica las pequeñas virtudes. Es difícil a veces, pero Dios nunca
niega la primera gracia (la valentía para
la conquista de uno mismo); y, si el alma
corresponde ante esa gracia, se encuentra de
inmediato en la luz de Dios… Al comienzo,
debemos actuar con valentía. Por este medio
el corazón se fortalece e iremos de victoria
en victoria.

*El honor siempre es peligroso. ¡Cuán venenosa es
la comida que se sirve diariamente a quienes ocupan
posiciones elevadas! ¡Cuán mortal es el humo del incienso!
Un alma debe estar muy desconectada de sí misma
para salir ilesa de todo eso.*

En este mundo no hay fruto sin sufrimiento, ya sea dolor físico, tristeza secreta, o pruebas que a veces solo Dios conoce. Cuando de nuestras almas han salido buenos pensamientos y decisiones generosas al leer sobre la vida de los santos, no deberíamos conformarnos, como es el caso de los libros seculares, con reconocer y admirar la genialidad del autor. En lugar de eso, deberíamos considerar el precio que, sin duda, tuvieron que pagar para producir esa bondad sobrenatural.

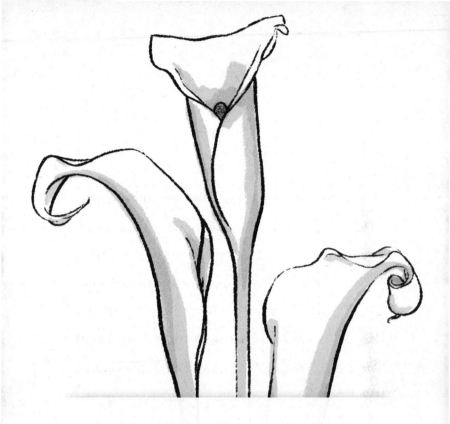

A mí me parece que la humildad es la verdad.

Créeme, escribir libros piadosos y componer la poesía más sublime no es más importante que el acto más pequeño de negarse a uno mismo.

Hay personas que sacan lo peor de todo. Yo hago justamente lo contrario. Siempre veo el lado bueno de las cosas, e incluso si me toca sufrir, cuando no encuentro consuelo, busco el gozo en medio de todo.

¡Esparcir flores! Eso es cada sacrificio:
Mis suspiros y dolores más llevaderos,
Mis momentos más duros y tristes,
Mis esperanzas, mis alegrías, mis oraciones…
No me importa el precio;
¡Aquí están mis flores!

Tu belleza llena mi alma y me deleito
profundamente,
¡Quisiera poder llevar este amor a los
corazones de todo el mundo!
Por eso daré, con cariño y alegría, mis
mejores flores;
¡Todo lo que tengo!

¡Esparcir flores! Eso significa hablar de ti,
Ese es mi único placer aquí, donde las
lágrimas llenan las horas;
Pero pronto mi espíritu será libre para esparcir
flores junto con las huestes celestiales.

Si hubiera sido rica, nunca habría podido ver a una persona pobre hambrienta y no haberle dado algo de comer. Así ocurre también en la vida espiritual. Hay muchas almas al borde del infierno, y a medida que mis ingresos están disponibles, los reparto entre estos pecadores. Todavía no ha llegado el momento en el que pudiera decir: "Ahora trabajaré para mí".

Todo está bien cuando uno busca únicamente
hacer la voluntad del Maestro.

Durante años no me he pertenecido a mí misma. Me he rendido completamente a Jesús, y Él es libre de hacer conmigo lo que le plazca.

Me he dado cuenta de que las pruebas son una gran ayuda para desapegarnos de las cosas del mundo: hacen que miremos más allá de esta tierra. Nada aquí podrá satisfacernos, y solo podremos encontrar descanso al estar preparados para hacer la voluntad de Dios.

A veces parece que no es posible llegar a confiar demasiado en el Dios bueno; pero Él es poderoso y misericordioso; y, en la medida en que esperemos en Él, recibiremos.

Para mí, el cielo es
Sentir que me parezco al Dios poderoso
que me creó;
Para mí, el cielo es
Quedarme para siempre en su presencia,
Llamarlo Padre y ser su hija,
Sentirme *a salvo en sus brazos* divinos,
Cerca de su rostro sagrado.

Al descansar en su corazón,
No tendré miedo de la tormenta;

Mi *abandono* será completo; esta es mi
única ley.

¡Esto es el cielo para mí![35]

---

35. CLFW, 57.

La vida no es deprimente; todo lo contrario: está llena de gozo. Si me dijeras: "El exilio [nuestra existencia en esta tierra] es deprimente", podría entenderlo. Es un error llamar "vida" a aquello que debe terminar. Una palabra tal, solo debería usarse para describir el gozo del cielo: gozo infinito. Visto de este modo, la vida no es algo triste, sino alegre; muy alegre.

Vi enseguida que la tarea era superior a mis fuerzas. Echándome inmediatamente a los brazos de nuestro Señor, imité a los niños pequeños que, cuando se asustan, esconden su rostro en el hombro de su padre...

Saber que no podía hacer nada por mí misma, hizo que la tarea fuera más fácil. Mi única ocupación era unirme más cercanamente a Dios, sabiendo que el resto me sería dado en abundancia.

No está bien gastar tiempo en preocuparse,
en lugar de descansar en el corazón de Jesús.

La vida es, a menudo, cansada y amarga. Es doloroso comenzar un día difícil, especialmente cuando Jesús se esconde de nuestro amor. ¿Por qué hace eso nuestro querido Amigo? ¿Acaso no ve nuestra angustia y la carga que nos pesa? ¿Por qué no viene para consolarnos?

No tengas miedo... Él está aquí, cerca... te aseguro que le cuesta mucho llenarnos de amargura, pero sabe que es la única manera de prepararnos para que lo conozcamos como Él se conoce a sí mismo, ¡y de alcanzar nosotros mismos la divinidad! Nuestra alma es grande y nuestro destino es glorioso. ¡Levantémonos por encima de todo lo que es pasajero y mantengámonos lejos del mundo! Allá arriba, el aire es mucho más puro... puede que Jesús se esconda, pero nosotros sabemos que está ahí.

*Cuán dulce es servir a Dios en la oscuridad de
la noche y en medio de las pruebas. Después de todo,
solo tenemos esta vida para vivir por fe.*

En la hora en que el sol parece hundirse en el vasto océano, dejando tras de sí un rastro de gloria, me senté con Pauline sobre una piedra y contemplé durante un largo tiempo ese surco dorado, el cual ella me dijo que era una representación de cómo la gracia ilumina el camino de las almas fieles aquí abajo. Entonces pensé en mi alma como una pequeña barquita con una hermosa vela blanca en medio del surco, y decidí nunca esconderla de la mirada de Jesús para que pudiera navegar tranquila y rápidamente hacia la costa celestial.

Cuando me encuentro en este estado de sequía espiritual, sin poder orar o practicar la virtud, busco pequeñas oportunidades en los detalles más insignificantes para agradar a mi Jesús: una sonrisa o una palabra amable, por ejemplo, cuando preferiría estar callada o mostrar que estoy aburrida. Si no surge una ocasión de ese tipo, intento, por lo menos, decirle una y otra vez que lo amo. Eso no es difícil, y mantiene vivo el fuego en mi corazón. Aunque el fuego del amor parezca estar apagado, seguiría tirando mis pequeños trozos de paja a las cenizas, y sé que ardería de nuevo.

Nosotros, que corremos por la senda del amor, nunca debemos distraernos con nada. Si no viviera en cada momento el presente, me sería imposible ser paciente; solo miro el presente, olvido el pasado, y me cuido mucho de no anticipar el futuro. Cuando cedemos ante el desánimo o la desesperación, normalmente es porque pensamos demasiado en el pasado y en el futuro.

Si deseas ser un santo (y no será difícil),
ten solo una meta: agradar a Jesús
y acercarte más a Él.

Solo hay una cosa que debemos hacer aquí abajo: amar a Jesús y salvar almas para Él, para que más personas lo amen. No debemos dejar escapar la mínima oportunidad de alegrarlo, y tampoco debemos negarle nada. Él necesita mucho amor.

Veo muchos horizontes hermosos y tantos tonos, infinitamente variados, que únicamente la paleta del pintor divino podrá, después de la oscuridad de esta vida, darme los colores con los cuales podré retratar los misterios que mi alma ve.

¡Jesús!... ¡Oh! ¡Quiero amarlo mucho!
¡Quiero amarlo como nunca nadie lo ha amado!

Cuando llegue el atardecer de la vida, estaré ante ti con las manos vacías porque no te pido, Dios mío, que lleves la cuenta de mis obras. Todas nuestras obras de justicia están manchadas ante tus ojos.[36] Deseo, por lo tanto, ser revestida con tu justicia y recibir de tu amor el regalo eterno de tu presencia. ¡No deseo ningún otro trono o corona fuera de ti, Amado mío!

---

36. Ver Isaías 64:6.

Mi anhelo será el mismo en el cielo que en la tierra: amar a Jesús y hacer que otros lo amen.